Dieses Buch gehört

Mia Fischer Auf der Zaane 15

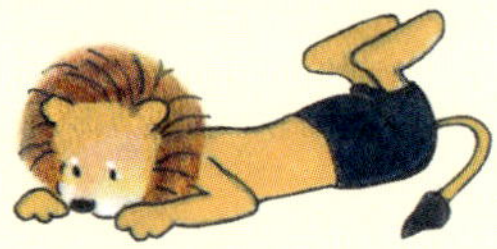

Liebe Eltern,

wir wollen Ihr Kind beim Lesenlernen unterstützen, und zwar mit Geschichten, die Spaß machen.

Unsere Bücher mit dem liebenswerten Leselöwen begleiten Ihr Kind durch die 1. Klasse. Sie enthalten eine spannende Geschichte mit einfachen Sätzen und gut lesbarer Schrift. Viele bunte Bilder sorgen für Lesepausen und helfen, die Geschichte zu verstehen. Mit den Aufgaben zum Text kann Ihr Kind selbst prüfen, ob es den Text richtig verstanden hat. Zu den markierten Wörtern warten am Ende des Buches spannende Fakten und in unserem Onlineportal finden Sie viele weitere Extras!

So wird Ihr Sohn oder Ihre Tochter zum echten Leselöwen!

Ihr Leselöwe!

Leselöwen

Amelie Benn

Die beste erste Reitstunde

Illustriert von Dorothea Ackroyd

Loewe

www.leseloewen.de

FSC
www.fsc.org
MIX
Papier aus verantwortungsvollen Quellen
FSC® C109273

ISBN 978-3-7432-0309-9
1. Auflage 2019

Umschlag- und Innenillustrationen: Dorothea Ackroyd
Umschlaggestaltung: Michael Dietrich
Vignetten Leselöwe: Angelika Stubner
Printed in the EU

www.loewe-verlag.de

Inhalt

Ein Traum wird wahr

Pia kann es kaum erwarten.

Gleich sind sie da!

Schon fahren sie mit dem Auto
unter einem Schild hindurch,
auf dem steht:
Willkommen auf dem Pferdehof!

Schnell steigt Pia
mit ihren Eltern aus dem Auto.
Jetzt wird sie endlich
Reiten lernen!

Vor dem Pferdestall stehen
ein Mädchen und ein Junge.
Die wollen wohl auch reiten,
denkt Pia.

Eine junge Frau
begrüßt die wartenden Kinder.
„Hallo! Ich bin Lena,
eure Reitlehrerin! Kommt mit!“

Pia verabschiedet sich
von ihren Eltern
und folgt den anderen
in den Stall.

In den Stallboxen
stehen die schönsten Pferde,
die Pia je gesehen hat.

Eines streckt den Kopf heraus,
als Pia vorbeigeht.
Es ist ein grauer **Andalusier**
mit einer weißen Mähne.

Pia bleibt kurz stehen
und streckt ihm die Hand hin.
Der Andalusier schnuppert erst
und lässt sich dann streicheln.

„Wie wunderschön du bist!“,
sagt Pia leise zu ihm.
„Ich wünschte,
ich könnte heute auf dir reiten.“

„Bitte alle zu mir!“, ruft Lena
laut aus der Sattelkammer.
Pia erwacht wie aus einem Traum
und läuft schnell zu den anderen.

„Zuerst die Fellpflege,
die ist sehr wichtig“,
sagt Lena und drückt jedem
eine Putzbox in die Hand.

Dann gehen sie zu dem Pferd,
das sie heute reiten werden.
„Dies ist Amigo“, sagt Lena.
„Das heißt *Freund* auf Spanisch.“

Pia kann es kaum fassen:
Amigo ist der schöne Andalusier,
den sie vorher gestreichelt hat.
Ihr Wunsch hat sich erfüllt!

Vorbereitung

Mit Striegel und **Kardätsche**
wird Amigos Fell gebürstet,
mit einem Kamm
die Mähne und der Schweif.

Zum Schluss werden noch
die Hufe ausgekratzt.
„Das habt ihr gut gemacht!“,
lobt die Reitlehrerin.

Lena sattelt Amigo
und zieht ihm die **Trense** auf.
Pia und die anderen beiden
beobachten alles ganz genau.

Danach führt Lena

Amigo endlich nach draußen.

Die Reitstunde beginnt!

Pia ist schon so aufgeregt!

„Jeder kommt der Reihe nach dran
und darf 15 Minuten reiten.
Ida, fängst du an?“, fragt Lena.

Lena hilft Ida beim Aufsitzen
und lässt Amigo dann
an der **Longe** im Kreis laufen.
Dabei gibt sie Anweisungen.

„Lass deine Beine locker
und sitz aufrecht!“, ruft Lena.
Pia und der Junge stehen am Zaun
und hören genau zu.

Zu spät

„Jetzt Ben!“, ruft Lena.
Und dann ist endlich Pia dran.
Mit klopfendem Herzen stellt sie
ihren Fuß in den **Steigbügel**.

Doch als sie im Sattel sitzt,
ist ihre Aufregung verschwunden.
Sie streicht Amigo über das Fell.
„Jetzt geht's los!", flüstert sie.

„Versuch, geradeaus zu schauen.

Zügel nur vorsichtig benutzen!

Gut so!“, ruft Lena.

Pia ist ganz stolz auf sich.

Plötzlich läuft ein Mädchen
eilig zum Reitplatz.
Amigo spitzt die Ohren,
bleibt aber ruhig.

„Tut mir leid,
dass ich zu spät bin!
Wir standen im Stau!“,
ruft das Mädchen.

„Die Reitstunde ist fast vorbei.
Danach muss ich leider weg.
Nächstes Mal darfst du reiten“,
erklärt Lena ihr bedauernd.

Dem Mädchen kommen die Tränen.

Da hat Pia eine Idee:

„Sie kann meine letzten Minuten zum Reiten haben“, sagt sie.

„In Ordnung“, meint Lena.

Das Mädchen läuft glücklich

zu Amigo.

„Danke!“, sagt sie zu Pia.

Als die Reitstunde vorbei ist,

darf Pia Amigo zurück

in den Stall führen.

Das Mädchen geht neben ihr.

„Ich bin übrigens Nele“,
sagt sie.
„Und nächstes Mal kannst du
meine letzten Minuten haben.“

Pia strahlt Nele glücklich an.
Wie sehr sie sich schon
auf die nächste Reitstunde freut!

Fragen und Antworten

1. Lies genau in Spiegelschrift. Wie heißt Pias Reitlehrerin? Kreuze an.

- [ ] Lana
- [ ] Lina
- [x] Lena

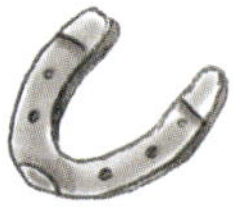

Antwort: Lena

2. Was bedeutet das spanische Wort Amigo? Kreuze an.

- [ ] Feind
- [x] Freund
- [ ] Blödmann

Antwort: Freund

3. Welcher Satz ist richtig? Kreuze an. Pia lässt Nele die letzten Minuten …

- [ ] … links liegen.
- [x] … auf Amigo reiten.
- [ ] … ihr Pferd striegeln.

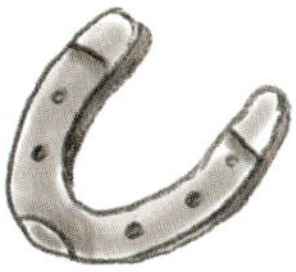

Antwort: … auf Amigo reiten.

4. Findest du die Namen der vier Reitschüler im Buchstabengitter?

P	I	A	N	O
E	D	B	E	N
F	A	G	R	E
M	O	I	J	L
I	D	E	U	E

Antwort: Pia; Ida, Ben, Nele

Schon gewusst?

Andalusier (Seite 15):

Andalusier sind eine elegante spanische Pferderasse. Sie gelten als sehr gelehrsam, besonnen und treu.

Kardätsche (Seite 22):

Eine Kardätsche ist eine feine Bürste. Erst raut man das Fell mit einem Striegel an. Danach kann man es mit der Kardätsche reinigen und glatt streichen.

Trense (Seite 24):

Die Trense gehört zum Zaumzeug. Sie ist das Mundstück, an dem seitlich die Zügel befestigt werden. Viele bezeichnen aber den ganzen Kopfteil des Zaumzeugs als Trense.

Longe (Seite 27):

Beim Longieren wird das Pferd auf einer kreisförmigen Bahn an einer langen Leine laufen gelassen. Das ist die Longe. Oft wird bei den ersten Reitstunden longiert. So kann man in Ruhe die richtige Haltung lernen, bevor man das Pferd selbst lenkt.

Steigbügel (Seite 29):

Jeder von uns hat seinen eigenen Steigbügel. Denn so heißt der kleinste menschliche Knochen im Mittelohr. Er sieht genauso aus wie die Fußstütze beim Reiten, daher hat er seinen Namen.

Zügel (Seite 31):

Am Zügel lenkt und führt man ein Pferd. Im Lauf der Zeit haben sich daraus viele Sprichwörter entwickelt. Wer die Zügel zum Beispiel fest in der Hand hat, bestimmt, wo es langgeht.

Blättere schnell um und trage die blauen Buchstaben in der richtigen Reihenfolge in die Kästchen ein!

Amelie Benn wurde 1974 in Süddeutschland geboren. Während ihres Studiums lebte sie zeitweise in Nepal, Israel und England.

Dort besuchte sie viele magische Orte und sammelte Ideen für ihre Geschichten. Heute lebt Amelie Benn mit ihrer Familie in der Schillerstadt Marbach.

Dorothea Ackroyd, geboren 1960 in Herford, studierte an der FH Bielefeld Kommunikationsdesign. Seit 1990 ist sie als freischaffende Illustratorin tätig und hat seitdem mehr als 120 Bücher veröffentlicht, die zum Teil in elf Sprachen übersetzt wurden. Sie lebt mit ihrer Familie auf der Sonnenseite des Teutoburger Waldes.

Das Leselöwen-Lösungswort

Besuche den Leselöwen auf **www.leseloewen.de** und trage die farbigen Buchstaben von den Seiten *Schon gewusst?* in der richtigen Reihenfolge in die magische Box ein.

| A | t | t | L | S | e |

Wenn du das Lösungswort gefunden hast, kommst du auf die geheime Seite mit vielen weiteren Spielen und Rätseln!

Der **Leselöwe** freut sich auf dich!